MÉTODO
Pistão
Trombone
Bombardino

NA CLAVE DE SOL

AMADEU RUSSO

Nº Cat.: 46-M

Irmãos Vitale Editores Ltda.
vitale.com.br
Rua Raposo Tavares, 85 São Paulo SP
CEP: 04704-110 editora@vitale.com.br Tel.: 11 5081-9499

© Copyright 1941 by Irmãos Vitale Editores Ltda. - São Paulo - Rio de Janeiro - Brasil.
Todos os direitos autorais reservados para todos os países. *All rights reserved.*

Dados Internacionais de Catalogação na Publicação (CIP)
(Câmara Brasileira do Livro, SP, Brasil)

Russo, Amadeu
　　Método de pistão, trombone e bombardino na clave de sol / Amadeu Russo. -- São Paulo : Irmãos Vitale.

"Biblioteca popular de métodos para instrumentos de sopro".

　　1. Bombardino - Método 2. Pistão - Método 3. Trombone - Método I. Título.

ISBN: 85-85188-41-3
ISBN: 978-85-85188-41-2

97-1022　　　　　　　　　　　　　　　　　　　　CDD-788.9193

Indices para catálogo sistemático:

1. Instrumentos de sopro de metal : Métodos : Música 788.9193
2. Métodos : Instrumentos de sopro de metal : Música 788.9193

PRIMEIRA PARTE

DO INSTRUMENTO

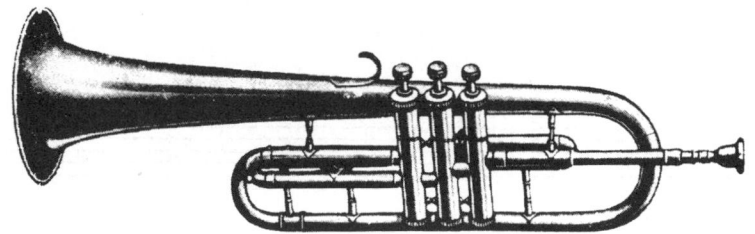

O **Pistão** é formado por um tubo de metal curvado sobre si mesmo. Dois terços do tubo conservam o mesmo calibre, alargando-se daí para diante, até formar na extremidade uma espécie de sino, chamado **pavilhão**, parte indispensável do instrumento.

Compõe-se também de três **Pistões** ou **Cilindros** que nós chamaremos **chaves**, por meio das quais obtem-se todos os sons possíveis ao instrumento.

A cada uma das três chaves corresponde uma **bomba**, vulgarmente chamada **volta**, que serve para a entoação.

Além destas três bombas, há ainda outra maior denominada **bomba geral**, que serve para elevar ou abaixar a tonalidade do instrumento.

DO BOCAL, DA EMBOCADURA E DO MODO DE EMITIR O SOM

O **bocal** deve ser de tamanho médio, porque se ele for muito grande ou muito pequeno, além de não corresponder tecnicamente ao instrumento, dificulta a emissão do som que nunca poderá ser homogêneo.

O bocal coloca-se no centro da boca, apoiado mais no lábio superior e menos no inferior.

Para emitir o som, o aluno depois de colocar o bocal na posição indicada e com os lábios estendidos deve introduzir a língua entre os lábios retirando-a com presteza, tem que articular a sílaba (tu), chamando-se a isto: **golpe de língua.**

Ao emitir o ar dentro do instrumento, o aluno tomará o cuidado de não fazer bochechas.

A respiração pratica-se abrindo um pouco as extremidades dos lábios, sem mover o bocal da posição em que se acha.

Para se obterem sons graves, deve-se abrir um pouco os lábios exercendo pouca pressão do bocal sobre eles. Exercendo-se maior pressão do bocal contra o lábio superior e unindo os lábios um ao outro, obtem-se os sons agudos.

DA POSIÇÃO

O instrumento segura-se fortemente com a mão esquerda, de modo a deixar a mão direita plena liberdade para abaixar rapidamente as chaves.

A primeira chave é a que se acha mais próxima do bocal, seguindo-lhe a segunda e a terceira.

Os dedos correspondentes a cada chave são: o indicador ou índice, à primeira chave; o médio, à segunda e o anular, à terceira.

EXERCICÍOS SOBRE OS SONS NATURAIS

SEM O CONCURSO DAS CHAVES

Tocar forte e sustentar o valor exato de cada nota.

1. 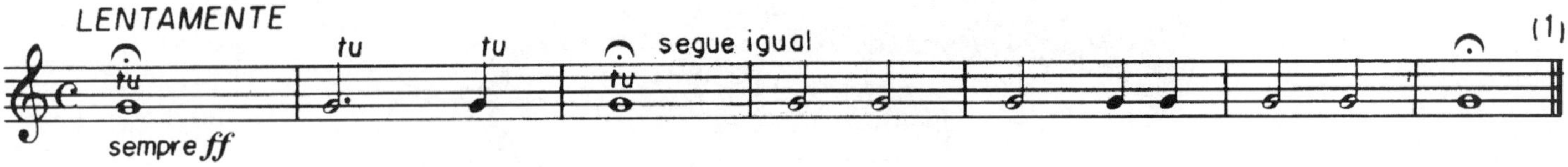

2. 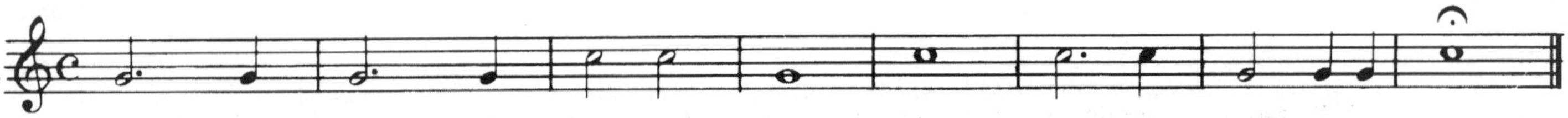

3. 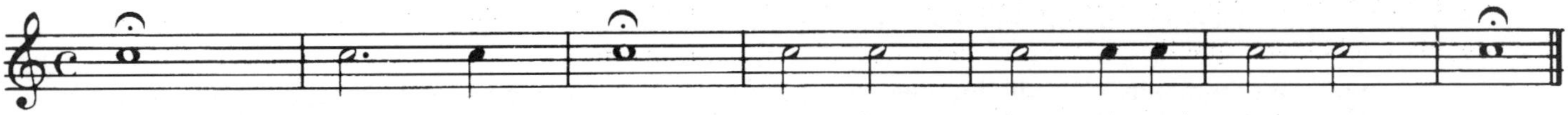

4. 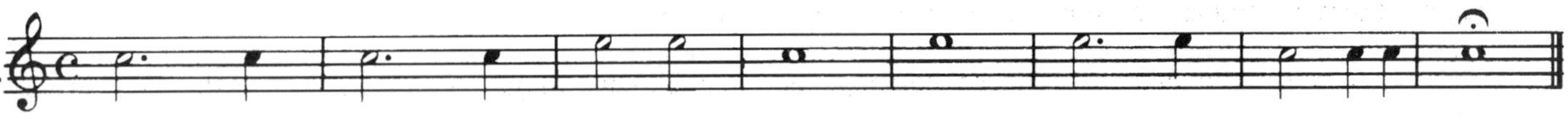

5. 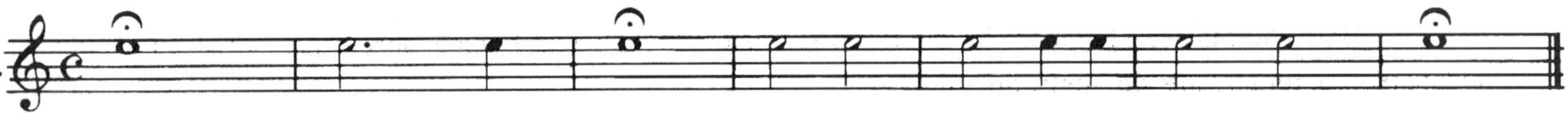

6. 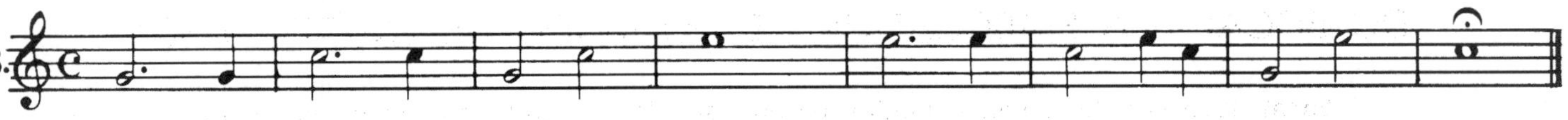

7. 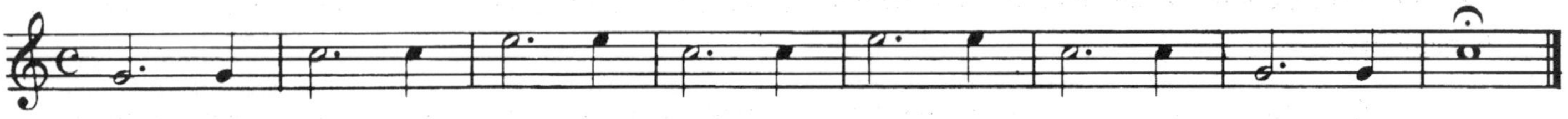

8. 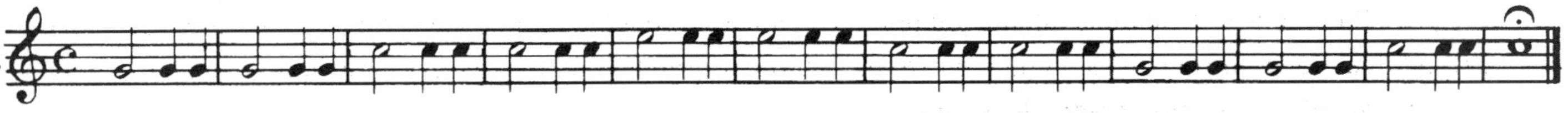

9. 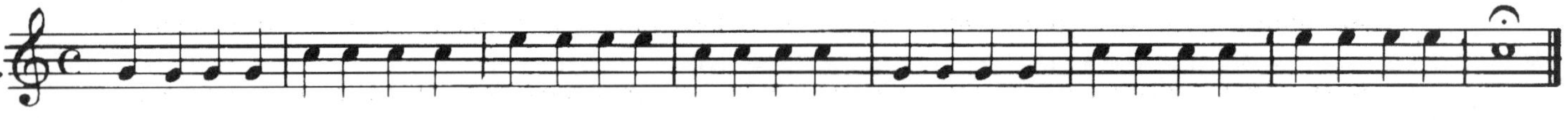

10. 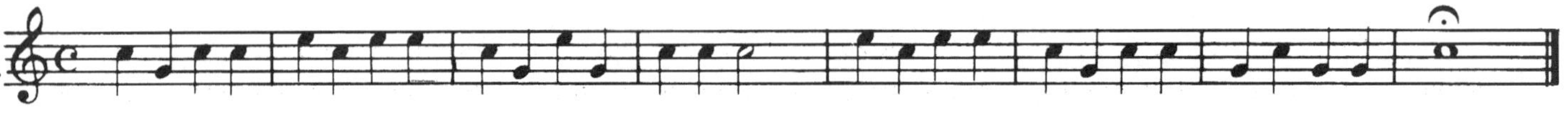

Desde que o aluno consiga tocar com facilidade os primeiros dez exercícios, poderá continuar a estudar os exercícios seguintes, neles encontrando mais duas notas.

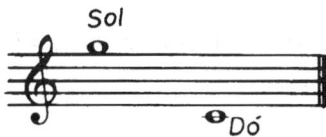

(1) O aluno repetirá o exercício enquanto o som não sair claro e limpo.

EXERCÍCIOS RÍTMICOS SOBRE OS SONS NATURAIS

ESCALA DIATÔNICA

Os algarismos colocados sobre as notas, indicam as chaves correspondentes.[1]

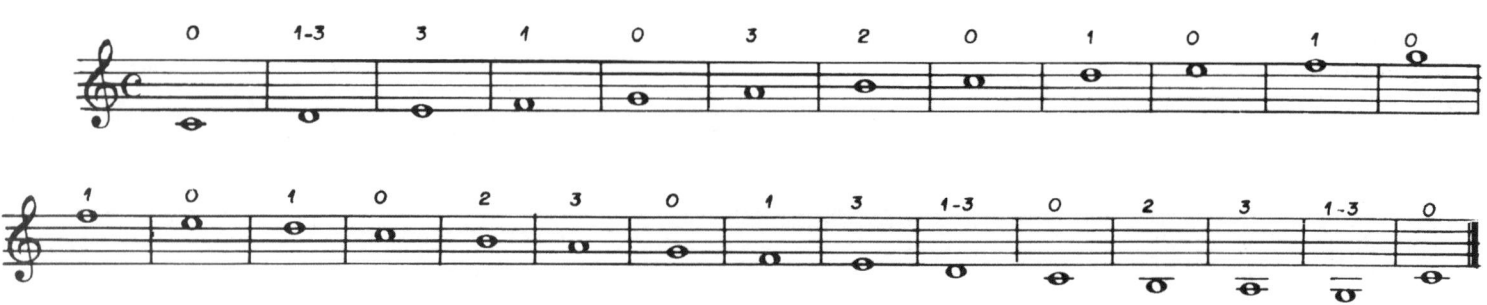

___
(1) O professor explicará ao aluno que as posições duplas e triplas, como sejam: **1.ª e 3.ª** e **1.ª, 2.ª e 3.ª** chaves, são de entoação defeituosa, isto é, são de entoação mais alta, sendo necessário afrouxar um pouco os lábios afim de corrigir o defeito. Vê-se daí que tanto na escala diatônica como nos exercícios seguintes, somente as notas Ré e Sol 1.ª e 3.ª chaves, são as que se acham entre as defeituosas.

EXERCÍCIOS SOBRE A ESCALA

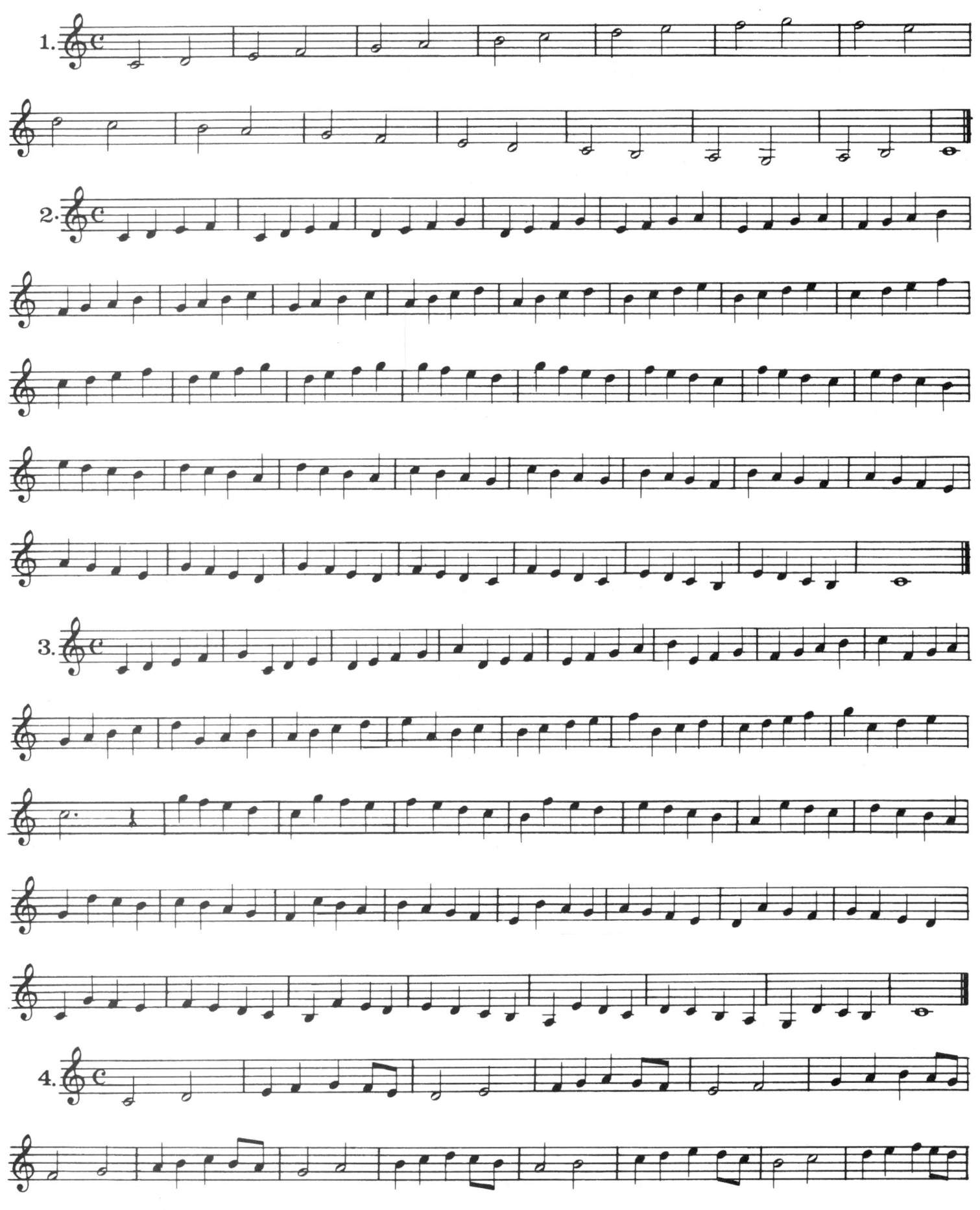

9.

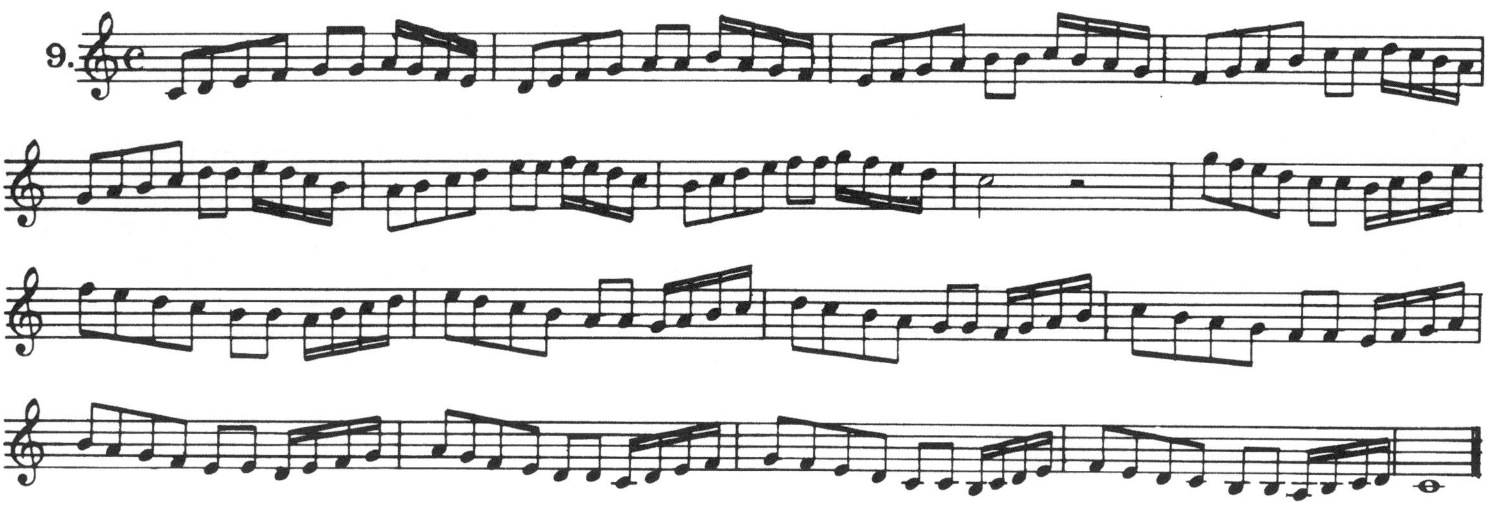

10.

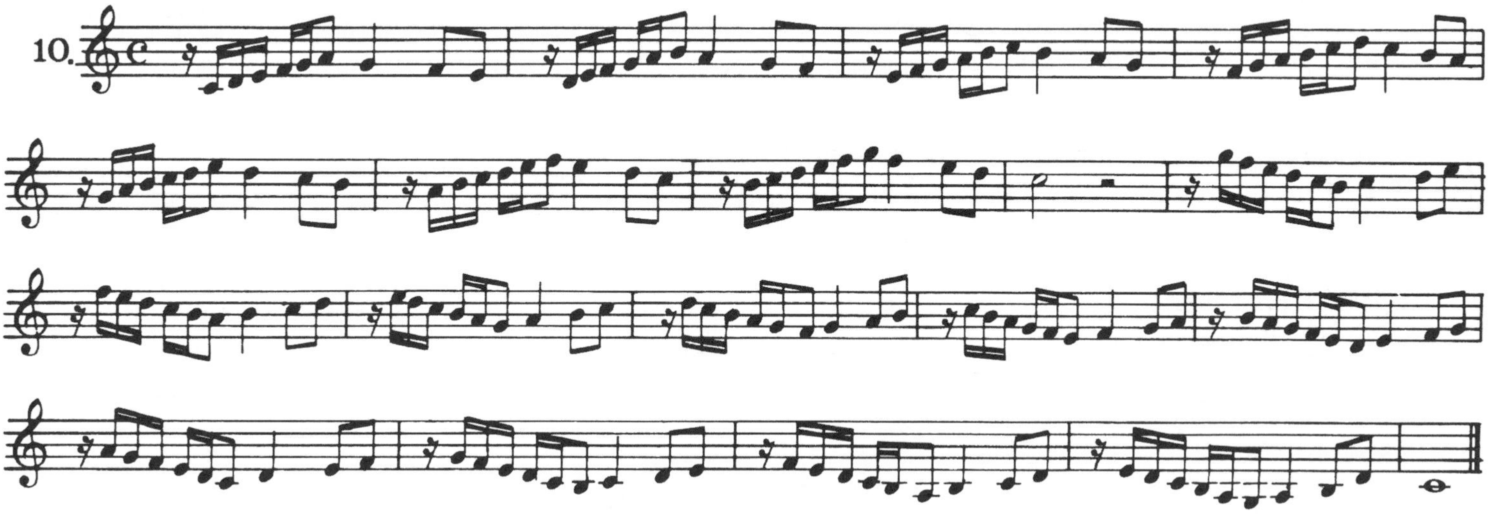

INTERVALOS E EXERCICÍOS RELATIVOS

Intervalos de 3.ª

EXERCÍCIOS:

1.

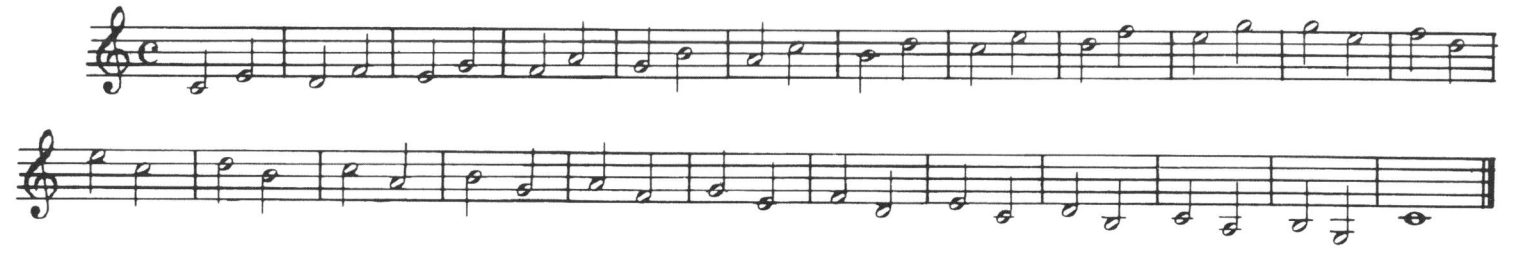

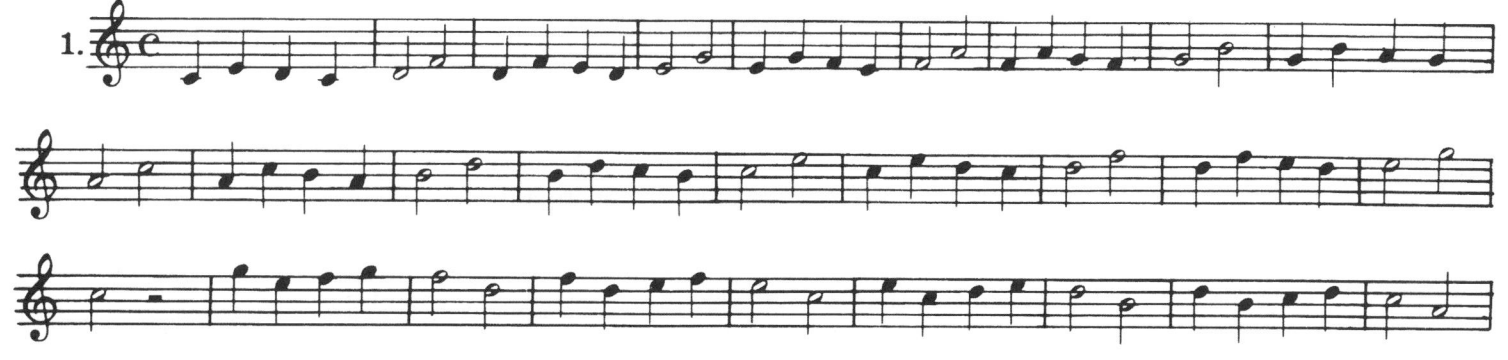

Os exercícios estudados até aqui, são todos baseados sobre a tonalidade de **Dó maior**.

A seguir damos a **escala cromática,** na qual, o aluno aprenderá todas as posições ou dedilhado do instrumento.

ESCALA CROMÁTICA

Os algarismos colocados abaixo das notas, indicam as **posições** ou **dedilhado** de recurso.

As posições de recurso servem somente para facilitar a execução de determinadas combinações de notas de pouco valor, em movimentos rápidos.

Para a execução de notas longas, as posições de recurso não se usam, porque são de entoação falsa, isto é, entoação mais alta e, portanto, desafinadas.

Tornando-se necessário o uso das posições de recurso, o aluno terá o cuidado de afrouxar os lábios, corrigindo assim, em parte, a entoação defeituosa desses sons.

Acham-se incluídos entre os sons defeituosos, todos aqueles sons produzidos pelas posições naturais, duplas e triplas, isto é, todos os sons emitidos com a **1.ª e 3.ª e 1.ª, 2.ª e 3.ª** chaves.

Os algarismos colocados acima das notas, indicam a posição real de cada som.

Método de Pistão, Trombone e Bombardino

Escala cromática
sem posições ou dedilhado

LIGAÇÃO ou "LEGATURA"

Para se obterem as notas ligadas, é preciso dar o golpe de língua somente na primeira nota, sustentando as outras por meio do sopro emitido.

É necessário notar, porém, que quando o movimento das notas é ascendente, o sopro deve sair com mais pressão, apertando-se, para isso, os lábios; quando o movimento é descendente afrouxam-se gradualmente os lábios.

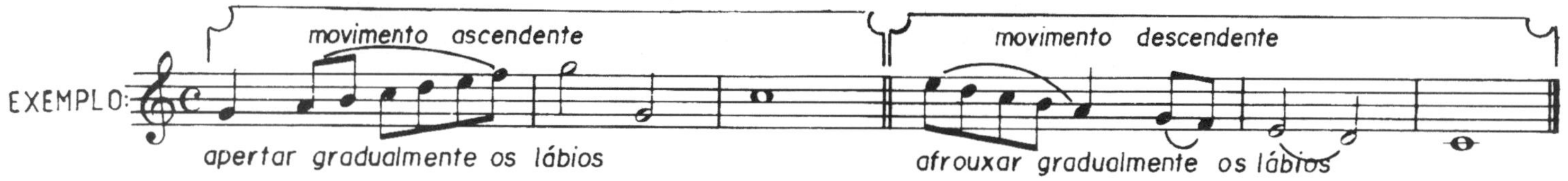

Cinco pequenos estudos sobre a ligação [1]

---
[1] Na segunda parte, damos amplo desenvolvimento à ligação, por meio de muitos outros estudos.

Damos a seguir dez pequenos estudos melódicos em diferentes tonalidades, precedidos pelas escalas correspondentes.

Escala e estudo em DÓ maior

Escala e estudo em LÁ menor

Escala e estudo em RÉ maior

Escala e estudo em SI menor

Quadro demonstrativo dos harmônicos das sete posições do Pistão

Os sons representados por semínimas não se usam.

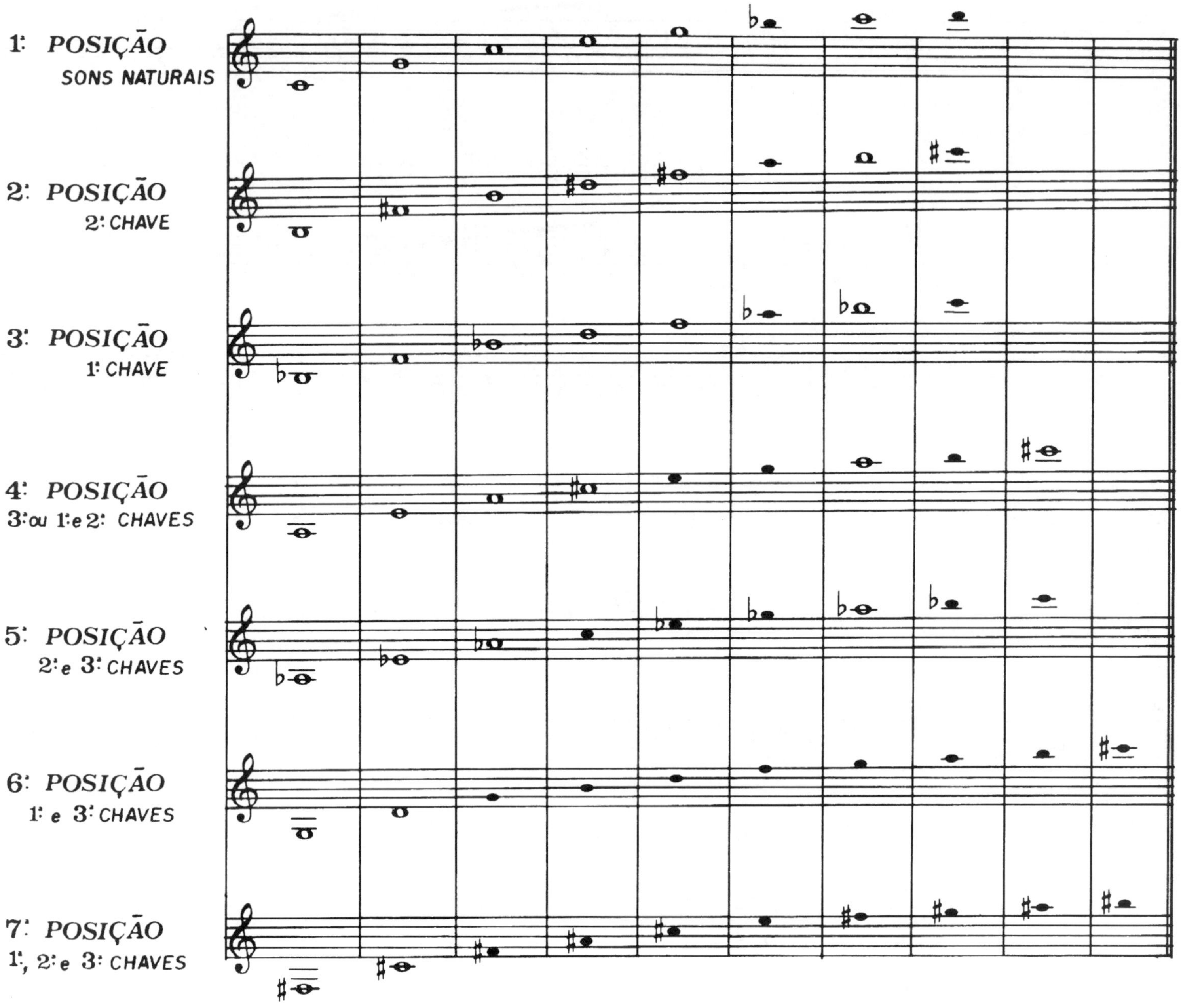

1ª POSIÇÃO — SONS NATURAIS

2ª POSIÇÃO — 2ª CHAVE

3ª POSIÇÃO — 1ª CHAVE

4ª POSIÇÃO — 3ª ou 1ª e 2ª CHAVES

5ª POSIÇÃO — 2ª e 3ª CHAVES

6ª POSIÇÃO — 1ª e 3ª CHAVES

7ª POSIÇÃO — 1ª, 2ª e 3ª CHAVES

Sendo o Pistão um instrumento transpositor, as notas escritas não correspondem aos sons reais. Por isso o Pistão é denominado Pistão em Si♭.

EXEMPLO
SONS ESCRITOS
SONS REAIS

Pelo exemplo exposto, conclue-se que, quando o Pistão executa uma nota qualquer, o som emitido corresponde um tom abaixo ao que se acha escrito. A nota Dó corresponde a Si♭; a nota Ré a Dó e assim sucessivamente.

FIM DA 1.ª PARTE

Segunda Parte
EXERCÍCIOS SOBRE A LIGAÇÃO

DA TÉCNICA

A técnica do instrumento consiste em se executar qualquer trecho de música com facilidade e perfeição.

Com o estudo das escalas, o aluno, além de se tornar senhor de seu instrumento, conseguirá uma técnica perfeita capaz de vencer qualquer dificuldade que se lhe possa deparar.

Recomenda-se-lhe, portanto, que o primeiro exercício a ser estudado diariamente, antes de qualquer outro, é o estudo das escalas, as quais devem ser estudadas primeiro lentamente para depois começar a apressar o movimento pouco a pouco, até o possível.

Damos a seguir a escala diatônica em oito diferentes ritmos e articulações.

Escala diatônica em DÓ maior

Método de Pistão, Trombone e Bombardino

7.º MODO

8.º MODO

(1)

DA EXPRESSÃO

A expressão na música consiste em dar-lhe graça, jovialidade e vida.

A expressão é o colorido sem o qual a música perderia todo o interesse e tornar-se-ia insípida e monótona.

Os principais coloridos são: o **crescendo** ou **cresc.** que se representa também pelo sinal ⟨=== e que serve para aumentar o som; o **diminuindo** ou **dim.** representado também pelo sinal ===⟩, serve para diminuir o som; o s*forzando* ou s*f* ou ⟩ que serve para reforçar o som: o p indica execução branda; pp indica execução suave; f exige execução vigorosa; ff indica execução forte e mais vigorosa.

Além dos sinais expressivos, acima citados, há muitos outros que a prática ensinará.

Para emitir-se um som piano e crescendo ou p e cresc., é necessário atacar o som com um suave golpe de língua e aumentá-lo gradualmente até o *f*orte.

O som *f*orte e diminuindo ou f e dim., obtem-se atacando a nota com um golpe de língua seco e forte e diminuindo gradualmente o som até o piano ou p.

---

(1) Os oito diferentes modos de escalas, acima expostos, servirão de modelo para todas as escalas que se encontram no decorrer desta segunda parte. Aconselhamos para isso ao aluno decorar os diferentes ritmos e as diversas maneiras de articulação, afim de serem empregados, com facilidade, nas demais escalas.

Estudo melódico em DÓ maior

Estudo em DÓ maior

ORNAMENTOS

Chama-se **ornamento** todas aquelas notas auxiliares que servem para embelezar a música. Os principais ornamentos são: a **Appoggiatura**, o **Mordente**, o **Gruppetto** e o **Trinado**.

Appoggiatura

Appoggiatura é uma pequena nota auxiliar que precede uma nota real e que se encontra tanto acima como abaixo da nota.

A **appoggiatura breve** representa-se por uma pequena colcheia cortada por uma barra transversal (♪).

Estudo sobre a appoggiatura breve

Da união das appoggiaturas superior e inferior resulta a **appoggiatura dupla**.

Estudo sobre a appoggiatura dupla

Mordente

A execução rápida de duas notas de grau conjunto chama-se **mordente**.

O mordente é superior quando representado pelo sinal (∿) e inferior quando indicado pelo sinal (∿).

Para alterar a nota de passagem do mordente, coloca-se a alteração acima do sinal (♭⁄∿) para a alteração superior e abaixo para a alteração inferior (∿⁄♯).

Estudo sobre o Mordente

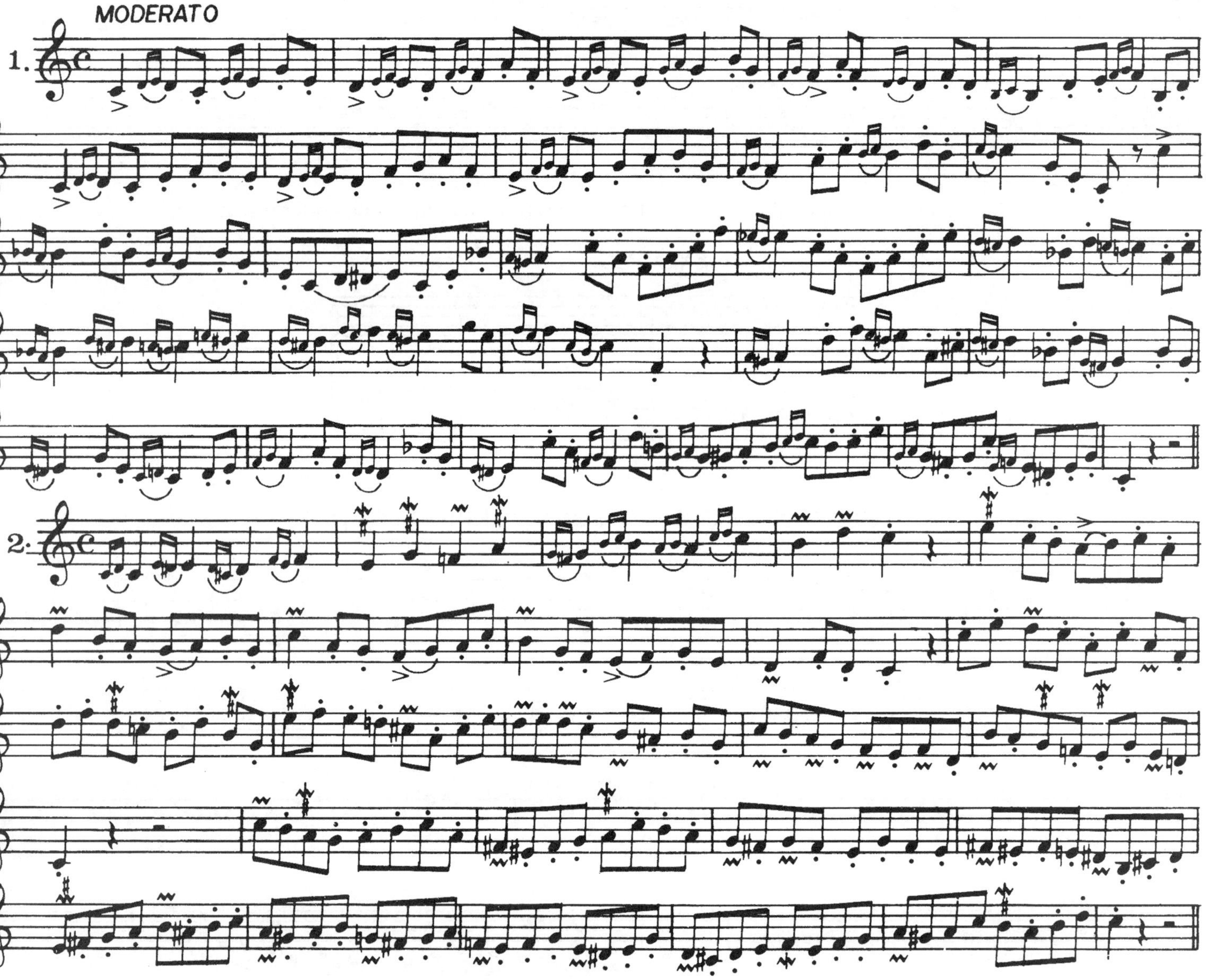

Estudo melódico sobre as appoggiaturas e mordentes

Escala em LÁ menor [1]

---
[1] Recomendamos ao aluno não deixar de observar o que dissemos no capítulo «Da técnica», sobre as escalas, isto é, que todas as escalas encontradas no decorrer desta segunda parte, devem ser estudadas nos oito diferentes modos rítmicos e de articulação.

Estudo melódico em LÁ menor

Estudo em LÁ menor

Escala em SOL maior

Estudo melódico em SOL maior

Estudo em SOL maior

ALLEGRETTO (♩=100)

Escala em MI menor

Estudo melódico em MI menor

Estudo em MI menor

Escala em FÁ maior

Estudo melódico em FÁ maior

Estudo em FÁ maior

ALLEGRETTO (♩=76)

Escala em RÉ menor

Estudo melódico em RÉ menor

ANDANTE TRANQUILLO (♩.=63)

Estudo em RÉ menor

ALLEGRO (♩=104)

Escala em RÉ maior

Estudo melódico em RÉ maior

Estudo em RÉ maior

Escala em SI menor

Estudo melódico em SI menor

Método de Pistão, Trombone e Bombardino

Estudo em SI menor

ALLEGRETTO (♩=104)

Escala em Sib maior

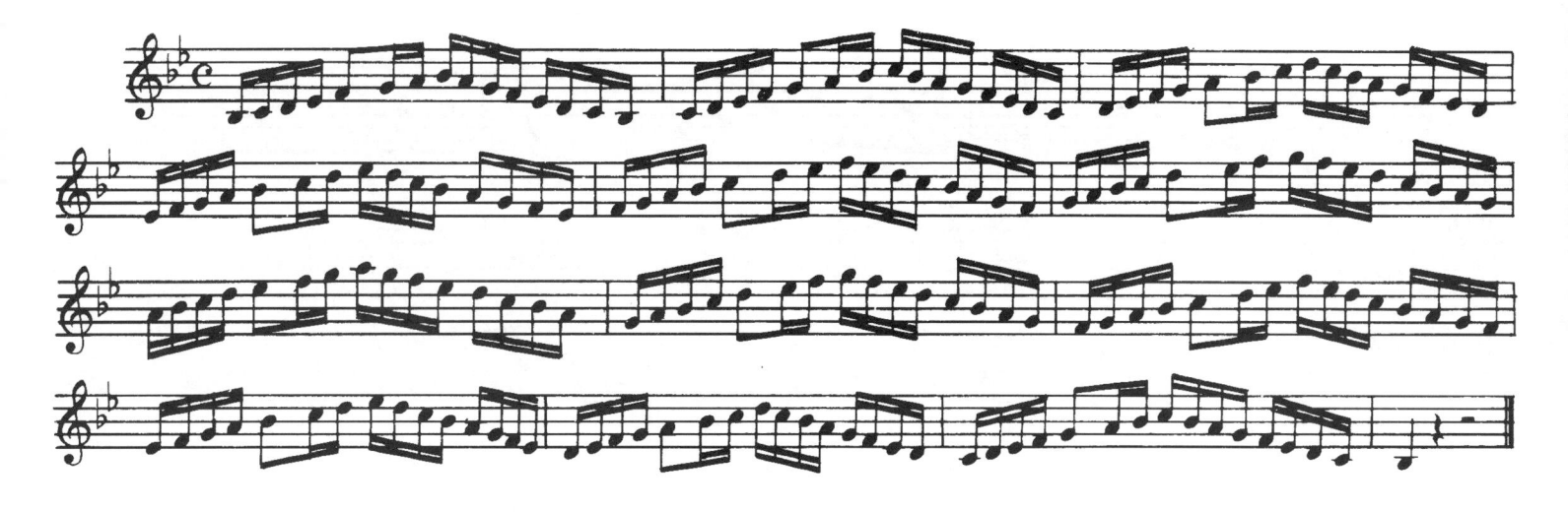

Estudo melódico em Sib maior

ALLEGRETTO (♩=144)

Estudo em Sib maior

Escala em SOL menor

Estudo melódico em SOL menor

ANDANTINO GRAZIOSO (♩ = 92)

Estudo em SOL menor

Escala em LÁ maior

Estudo melódico em LÁ maior

ALLEGRO (♩=126)

D.C. al FIM.

Estudo em LÁ maior

Escala em FÁ# menor

Estudo melódico em FÁ# menor

MODERATO (♩=89)

Estudo em FÁ# menor

ALLEGRO (♩=100)

Escala em Mib maior

Estudo melódico em Mib maior

ANDANTE CANTABILE (♩.=66)

Escala em DÓ menor

Estudo melódico em DÓ menor

MODERATO (♩=80)

Estudo em DÓ menor

ALLEGRO MODERATO (♩=88)

Escala em MI maior

Estudo melódico em MI maior

ANDANTE GRAVE (♩.=100)

Estudo em MI maior

ALLEGRETTO (♩.=106)

Escala em DÓ# menor

Estudo melódico em DÓ# menor

MODERATO (♩=100)

FIM

D.C. al FIM

Método de Pistão, Trombone e Bombardino

Estudo em DÓ# menor

Escala em LÁ♭ maior

Estudo melódico em LÁ♭ maior

Estudo em LÁ♭ maior

Escala em FÁ menor

Estudo melódico em FÁ menor

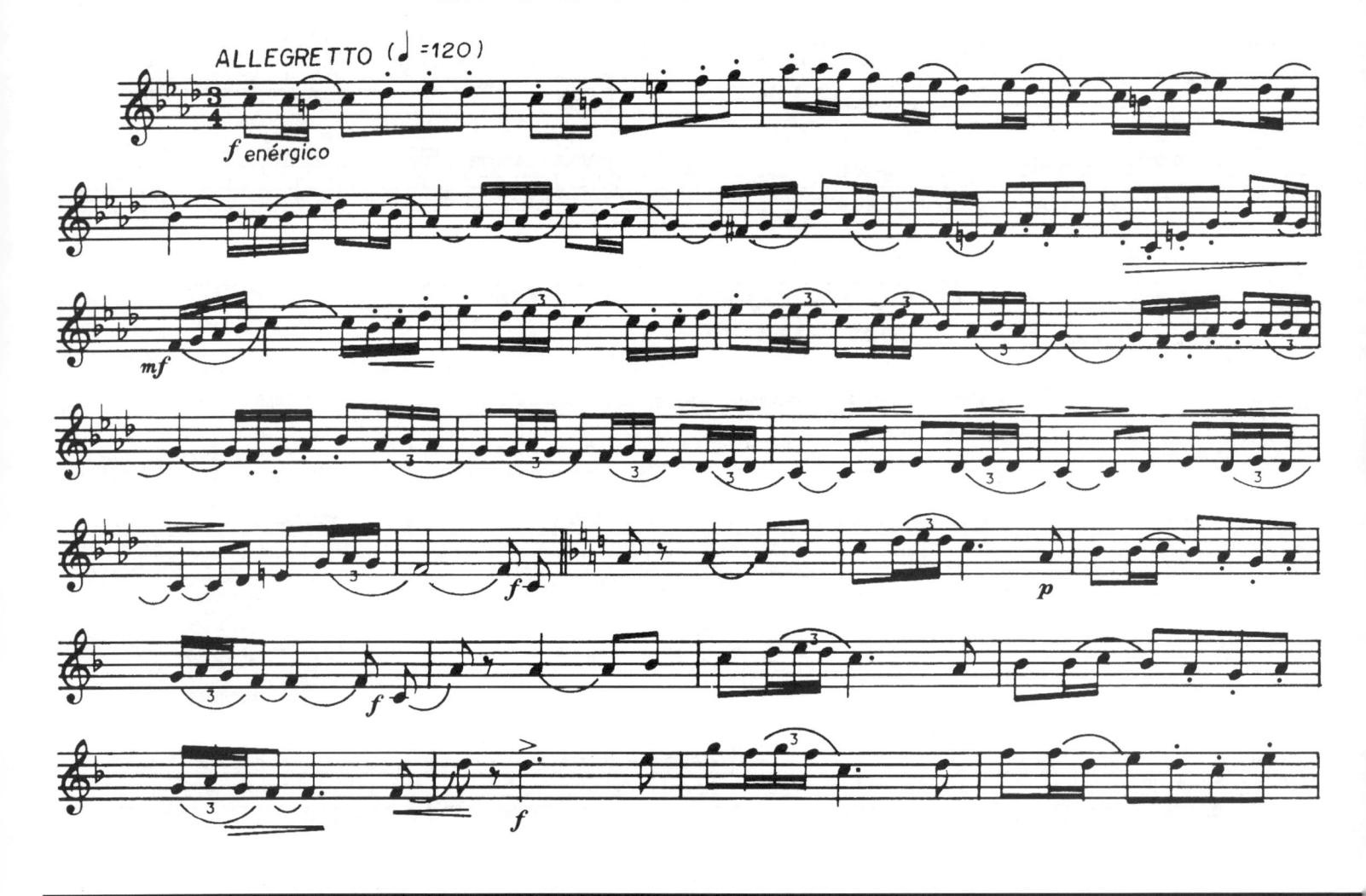

Estudo em FÁ menor

ANDANTINO (♩=84)

Escala em SI maior

Escala em SOL# menor

Escala em RÉ♭ maior

Escala em SI♭ menor

Escala em FÁ# maior

Escala em RÉ# menor

Escala em SOLb maior

Escala em MIb menor

Escala em DÓ# maior

Escala em LÁ# menor

Escala em DÓ♭ maior

Escala em LÁ♭ menor

TRANSPOSIÇÃO

A **transposição** consiste em ler ou escrever um trecho de música numa tonalidade diferente daquela em que está escrita.

A transposição pode ser de 2.ª, 3.ª, 4.ª, 5.ª etc., maior ou menor tanto superior como inferior.

Há duas espécies de transposição: a **escrita** e a **mental**.

A transposição escrita tem lugar quando o trecho a ser transportado se escreve com notas diversas e em outro tom.

A transposição mental consiste em mudar os nomes das mesmas notas originárias, por meio das claves.

Neste capítulo trataremos somente da transposição mental, que é a de que o aluno precisa para poder tocar nas orquestras.

Para isso, necessita conhecer as claves e os intervalos.

Damos a seguir um tema original transportado para diferentes tonalidades, dando ensejo ao aluno de poder observar, que na transposição mental as notas originárias não mudam do lugar que ocupam sobre a pauta, mas somente de nome com o auxílio da clave.

Ao iniciarmos o estudo da transposição, o aluno deve levar em consideração a tonalidade real do seu instrumento, que é o Pistão em Si♭.

Quer isto dizer que a escala estudada até aqui como sendo de DÓ maior, tonalidade do instrumento, deverá ser considerada a escala de Si♭, maior, tonalidade real, assim como todas as tonalidades que se acham expostas no quadro seguinte, são tonalidades reais.

Tomando-se por base o Pistão em Si♭, damos a seguir um quadro demonstrativo de todos os transportes usados para o Pistão.

Cada tonalidade acha-se exposta em três pautas, sendo que a primeira representa o trecho de música a ser transportado com a indicação da tonalidade; a segunda indica os sons que o instrumento deve emitir, e, finalmente, a terceira mostra a clave e a armadura da mesma, que são justamente o que o executor deverá usar na ocasião de praticar a transposição.

TEMA ORIGINAL

PISTÃO em Sib

Quando o tema estiver escrito para Pistão em LÁ, o transporte será de meio tom abaixo ou 2.ª menor inferior usando-se a clave de Tenor (Dó, quarta linha) e modificando a armadura da clave de cinco sustenidos a mais.

EXEMPLO:

PISTÃO em LÁ — SONS ESCRITOS

SONS CORRESPONDENTES

CLAVE E ARMADURA QUE DEVEM SER USADAS

Para Pistão em DÓ, o transporte será de um tom acima ou uma 2.ª maior superior usando-se a clave de Contralto (DÓ, terceira linha) e modificando a armadura da clave de dois sustenidos a mais.

EXEMPLO:

PISTÃO em DÓ — SONS ESCRITOS

SONS CORRESPONDENTES

CLAVE E ARMADURA QUE DEVEM SER USADAS

Para Pistão em RÉ, o transporte será de dois tons acima ou uma 3.ª maior superior usando-se a clave de Baixo (FÁ, quarta linha) e modificando a armadura da clave de quatro sustenidos a mais.

EXEMPLO:

PISTÃO em RÉ — SONS ESCRITOS

SONS CORRESPONDENTES

CLAVE E ARMADURA QUE DEVEM SER USADAS

Para Pistão em SOL, o transporte será de 4½ tons acima ou uma 6.ª maior superior, usando-se a clave de Soprano (DÓ, primeira linha) e modificando a armadura de três sustenidos a mais.

EXEMPLO:

PISTÃO em SOL

SONS ESCRITOS

SONS CORRESPONDENTES

CLAVE E ARMADURA QUE DEVEM SER USADAS

Para Pistão em MI♮, o transporte será de três tons acima ou uma 4.ª maior superior, usando-se a clave de Meio-soprano (DÓ, 2.ª linha) e modificando a armadura de seis sustenidos a mais.

EXEMPLO:

PISTÃO em MI♮

SONS ESCRITOS

SONS CORRESPONDENTES

CLAVE E ARMADURA QUE DEVEM SER USADAS

Para Pistão em FÁ, o transporte será de 3½ tons acima ou uma 5.ª maior superior, usando-se a clave de Barítono (FÁ, 3.ª linha) e modificando a armadura de um sustenido a mais.

EXEMPLO:

PISTÃO em FÁ

SONS ESCRITOS

SONS CORRESPONDENTES

CLAVE E ARMADURA QUE DEVEM SER USADAS

O professor se encarregará de escolher entre os estudos da segunda parte alguns mais fáceis, afim de iniciar o aluno na prática da transposição com o instrumento. Antes, porém, de tudo isto, é necessário que o aluno conheça as claves a os intervalos.

FIM da 2.ª PARTE

Terceira Parte
DOS GOLPES DE LÍNGUA DUPLO E TRIPLO

Os golpes de língua duplo e triplo, são usados em determinados ritmos de sons iguais e destacados. Para obter-se o golpe de língua duplo, é preciso pronunciar as sílabas: ta-ca-ta, ta-ca-ta, etc.

EXEMPLO:

ta ca ta   ta ca ta   ta   ta   ta ca ta   ta ca   ta   ta ca ta ca ta ca ta ca   ta

Para o golpe de língua triplo usam-se as sílabas ta-ca-ta-ta etc.

EXEMPLO:

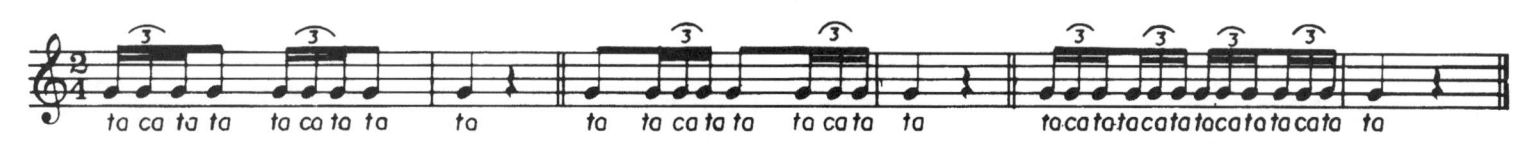

ta ca ta ta   ta ca ta ta   ta   ta   ta ca ta ta   ta ca ta   ta   ta ca ta ta ca ta ta ca ta ta ca ta   ta

Antes de iniciar o estudo dos golpes de língua é necessário imitar os mesmos com a voz para depois serem estudados, facilmente, com o instrumento.

Para conseguir-se a perfeita execução dos mesmos, é necessário estudá-los primeiro lentamente para depois começar a apressar o movimento pouco a pouco, até o possível.

Exercício sobre o golpe de língua duplo

1. ta ca ta   ta ca ta   simile

2. ta taca ta taca ta simile

3. ta ca ta ca simile

Estudo melódico sobre o golpe de língua duplo

Exercício sobre o golpe de língua triplo

Estudo melódico sobre o golpe de língua triplo

MODERATO (♩=108)

ESCALA CROMATICA

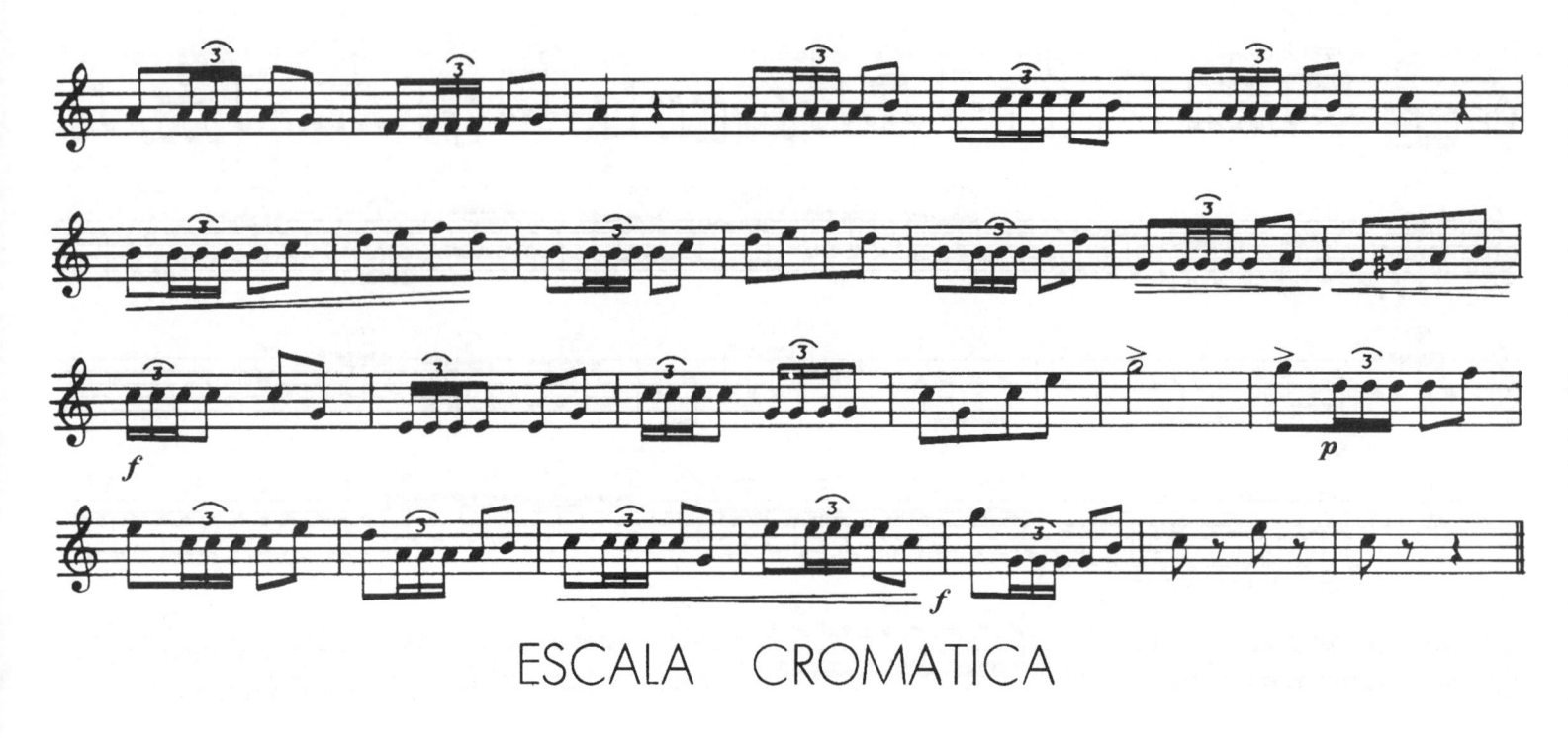

As escalas cromáticas que damos a seguir devem ser estudadas primeiramente destacadas, para depois aplicar sucessívamente os diversos modos de articulação, tomando por modelos os exemplos abaixo transcritos.

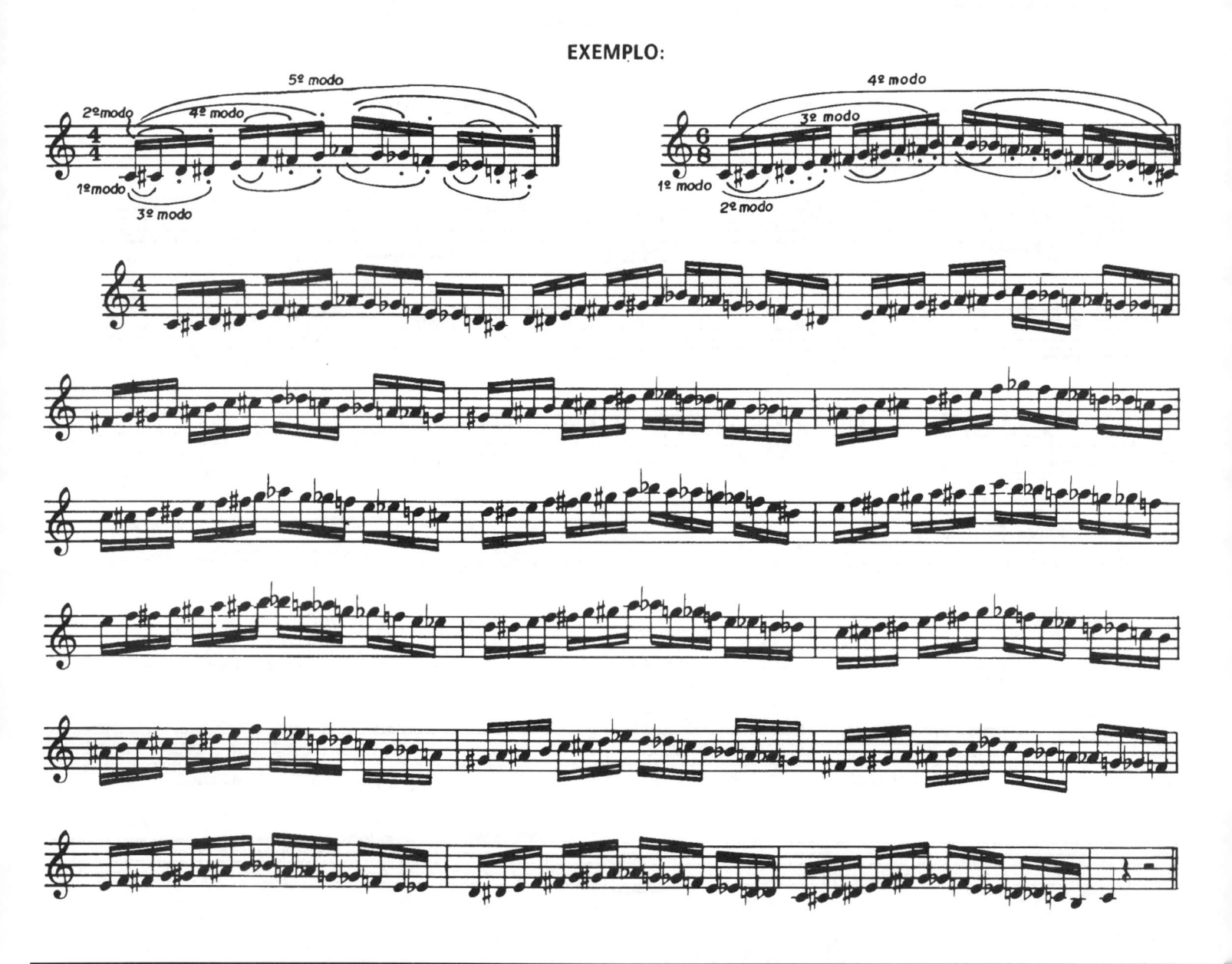

EXEMPLO:

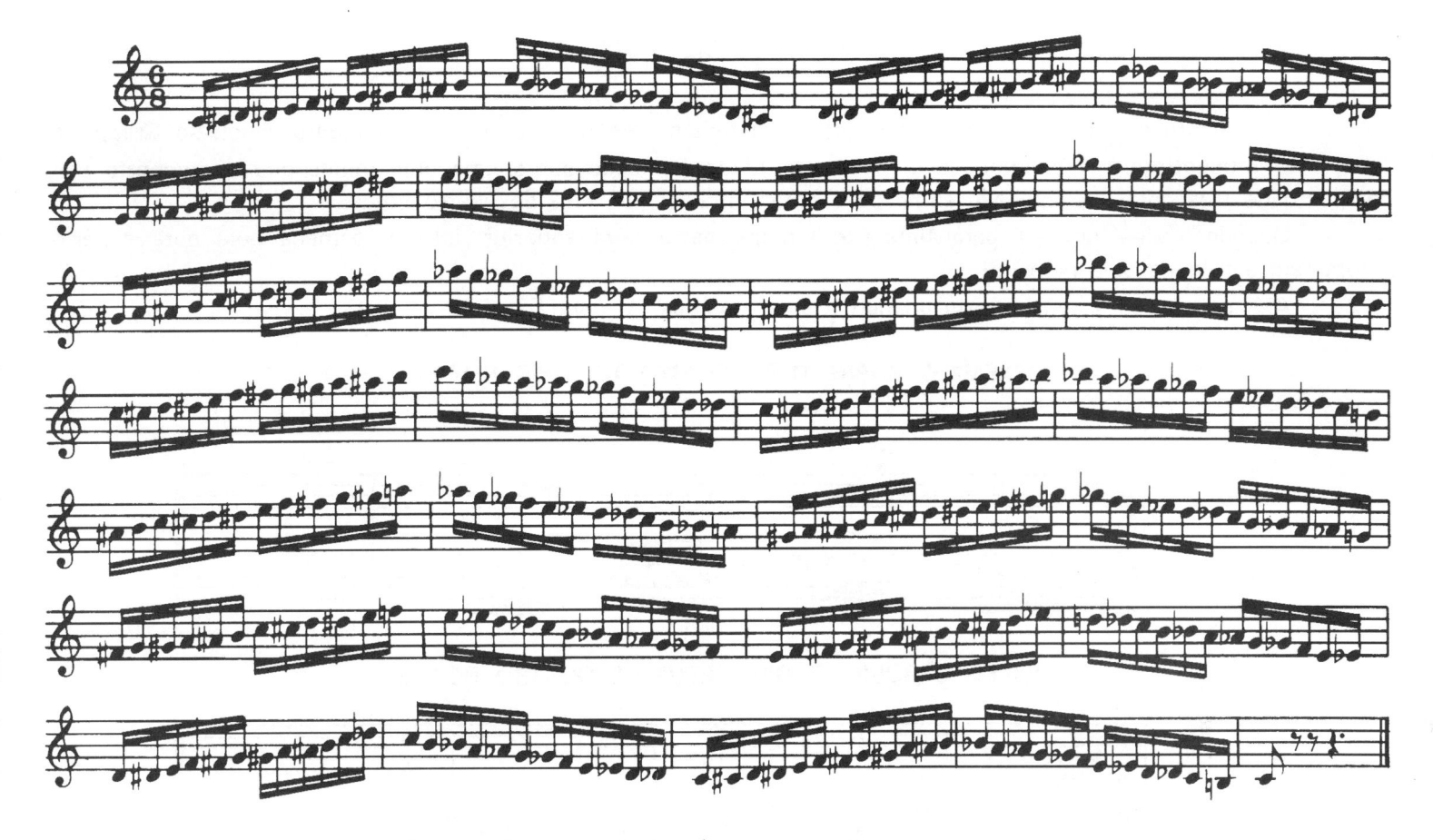

Estudo sobre a escala cromática e arpejos

MODERATO (♩=96)

"GRUPPETTO"

O conjunto de três ou quatro notas que se sucedem com rapidez por grau conjunto chama-se **Gruppetto**.

O **gruppetto** é representado pelo sinal (∞) que colocado sobre uma nota indica que o **gruppetto** será composto de três notas, e colocado entre duas notas, indica que será de quatro notas.

Quando o sinal começa para cima (∞) o **gruppetto** será superior, isto é, começa pela nota superior à nota real e termina pela nota inferior.

A execução será ao contrário quando o sinal começa ao contrário (∞).

EXEMPLO SOBRE O GRUPPETTO DE TRÊS NOTAS

EXEMPLO SOBRE O GRUPPETTO DE QUATRO NOTAS

Para alterar o som auxiliar superior coloca-se o acidente sobre o sinal (♭∞) e colocando-o abaixo do sinal (∞♯) altera o som inferior.

Exemplo:

Outra maneira de executar o **gruppetto** quando acha-se colocado depois de uma nota com ponto

Para a alteração simultânea, colocam-se os acidentes um em baixo e outro em cima do sinal (♭∞♯).

Estudo melódico sobre o "gruppetto"
Estudo sobre os "gruppettos" de três e quatro notas

MODELOS DE ARTICULAÇÃO QUE SERVIRÃO PARA O ESTUDO SEGUINTE

I.º Modo II.º Modo III.º Modo

Estudo técnico

Método de Pistão, Trombone e Bombardino

Estudo

2.

Método de Pistão, Trombone e Bombardino

Estudo sobre os arpejos

ALLEGRETTO ($\quarter. = 69$)

Estudo

ALLEGRO (♩=112)
6.
p
simile
p e cresc. poco a poco
f e dim. poco a poco
p
mf
dim.
p cresc. poco a poco
f e dim.
p e rinforz.
f e smorz. poco a poco
mf
p e cresc. poco a poco
mf e cresc. até ao fim

O estudo n.º 7 deverá ser estudado primeiramente como está transcrito e depois como o exemplo seguinte.

O mesmo estudo n.º 7 em ritmo diferente

Sobre o mesmo estudo

p e cresc.
f e dim.
p e cresc.
f e dim.
p e cresc.
f e dim.
p e cresc
f e dim.
p e cresc.
f e dim.
p e cresc.
f e dim.
p e cresc.
f e dim.

Estudo

Sobre o estudo n.º 10

Sobre o mesmo estudo n.º 10

12.

Estudo

ALLEGRO (♩=168)

13.

TRINADO

trinado. O efeito que produzem duas notas de grau conjunto tocadas alternadamente e com rapidez chama-se trinado.

É representado pela abreviatura (*tr*) que se coloca sobre a nota e é seguida por uma linha ondulada (~~~) que indica o limite do trinado.

O trinado prepara-se e resolve-se por diversas maneiras.

A nota auxiliar do trinado será sempre uma nota superior de segunda maior ou menor.

Exemplo:

Para se alterar a nota auxiliar coloca-se o acidente abaixo do (*tr*)(♭)

Exercício sobre todos os trinados

Nos exemplos acima transcritos, expusemos as diferentes maneiras de preparar e resolver o trinado com o valor e o número de notas determinadas. Quando, porém, o trinado se encontra sob o sinal de fermata (⌒), o executor deve limitar-se a observar somente a preparação e a resolução do mesmo, pois que o número de notas não pode ser determinado dependendo do valor, mais ou menos longo, da fermata. Nesse caso o trinado deve-se começar piano e lento, aumentando-se gradualmente a velocidade e o som até o forte, praticando-se o contrário para a resolução.

Exemplo:

1.º DUETO

Método de Pistão, Trombone e Bombardino

2.º DUETO

LARGHETTO CANTABILE (♩=63)

3.º DUETO

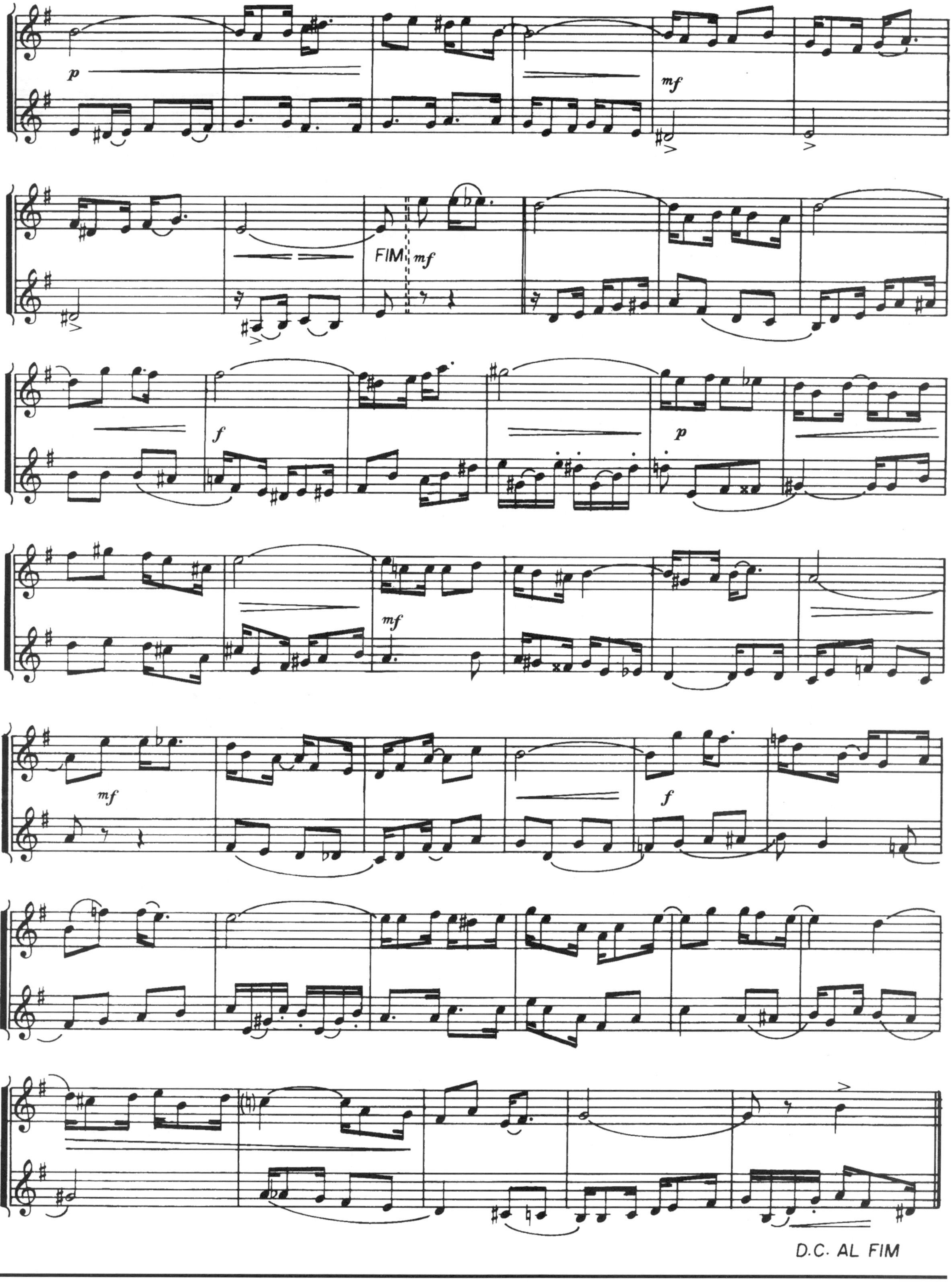
p
mf
FIM
mf
f
p
mf
mf
f
D.C. AL FIM

4.º DUETO

ALLEGRO GRAZIOSO (♩=160)

FIM DA TERCEIRA E ÚLTIMA PARTE